# JACINTO P. NOGUÉS

# EL ASADO ARGENTINO

*Espero que con estos
consejos los asaditos te salgan
tan bien como para repetir
Feliz Cumple!*

*Mauricio
3/28/04*

**imaginador**

641.71      Jacinto P. Nogués
JAC         El asado argentino.- 2ª. ed. -
Buenos Aires : Grupo Imaginador de
ediciones, 2003.
      96 p.; 25x17 cm.

      ISBN 950-768-445-X

      I. Título - 1. Asados

Primera edición: 2.000 ejemplares, abril de 2003
Segunda edición: 2.000 ejemplares, septiembre de 2003


I.S.B.N.: 950-768-445-X

Se ha hecho el depósito que establece la Ley 11.723
Copyright by GIDESA
Bartolomé Mitre 3749 – Ciudad Autónoma de Buenos Aires
República Argentina
IMPRESO EN ARGENTINA – PRINTED IN ARGENTINA

*"Y mientras domaban unos,*
*otros al campo salían,*
*y la hacienda recogían,*
*y las manadas repuntaban,*
*y ansí sin sentir pasaban*
*entretenidos el día.*

*Y verlos al cáir la noche*
*en la cocina reunidos,*
*con el juego bien prendido*
*y mil cosas que contar,*
*platicar muy divertidos*
*hasta después de cenar."*

José Hernández, Martín Fierro[1]

[1] Para ésta y otras citas de la misma obra: HERNÁNDEZ, José; *Martín Fierro*. Buenos Aires, Grupo Editor de la Grulla S.A., 1997.

Fundamental en el folclore gastronómico de los argentinos, el asado ha ganado adeptos aun entre los visitantes, que una vez que lo han probado, añoran el momento de volver a comerlo.

A la parrilla, con cuero, al asador, cada técnica empleada para asar tiene sus reglas y secretos. No se trata simplemente de encender el fuego, echar la carne y sentarse a esperar. La elección de los cortes, la administración del calor, la preparación de la carne y las achuras, el tiempo de cocción justo, son aspectos que no deben descuidarse para preparar un buen asado.

Este libro está dedicado principalmente al asado de carne vacuna, a la parrilla. Sin embargo, también contiene explicaciones simples sobre otras maneras de asar y algunos consejos que usted podrá poner en práctica. En muchos casos, hay más de una manera de hacer tal o cual cosa porque así sucede casi siempre en materia de asados: cada asador tiene su estilo, más o menos fiel a la tradición.

Una recomendación antes de empezar: practique y no se desanime. Un buen asador se hace así: asando, probando y comiendo. No importa si está en otro país, si es un curiosísimo turista, un marido que quiere hacer méritos con su mujer para que no cocine los domingos, o una mujer que hace méritos para agasajar a sus amigas, o si sólo dispone de una terraza o un balcón...

Usted también puede convertirse en un excelente asador, pues, como dice *Martín Fierro*:

> *"Con semejante ejercicio*
> *se hace diestro el cazador;*
> *cai el piche engordador,*
> *cai el pájaro que trina:*
> *todo bicho que camina*
> *va a parar al asador."*

# 1
# El asado, una costumbre argentina

# 1.1 Un poco de historia

Comer asado es una vieja costumbre argentina. Nuestros campos producen naturalmente el pasto que fortalece al ganado y da un sabor exquisito a la carne. La extensa pampa ofrece la posibilidad de que el ganado se críe a campo hasta llegar a su punto justo de engorde. Esto distingue al ganado argentino, más flaco y liviano, del de otros países, alimentado con granos y preparados que agregan grasas y peso.

Las primeras corrientes españolas trajeron al Río de la Plata varias especies ganaderas, como las vacas y los caballos. Fue Juan de Garay (fundador de Buenos Aires, en 1580) quien trajo las primeras cabezas de ganado bovino. Algunos ejemplares escaparon y se multiplicaron, extendiéndose por la Mesopotamia, la zona chaqueña y, sobre todo, por la enorme pradera que es la Pampa Húmeda.

En pocas décadas, millones de ejemplares de vacas y caballos cimarrones[2] vagaban por estos territorios, y también por los de la Banda Oriental del Uruguay.

En el siglo XVIII, con la decadencia de las actividades que habían surgido en las regiones del Noroeste y Cuyo para atender el mercado del Potosí (explotación minera de plata en el actual territorio boliviano), comenzó un lento ascenso de la explotación

[2] Se denomina *cimarrón* a la especie domesticada que ha vuelto a una vida libre y salvaje.

9

de vacunos en el Litoral, primero con la cacería de cimarrones, luego redomesticados a través de una ganadería incipiente.

Este ascenso de la ganadería en el Litoral fue consecuencia de la creciente demanda mundial de cueros vacunos. La exportación de cueros ocasionó la cacería organizada de vacunos cimarrones. A las expediciones por los campos para cazar ganado se las conoce con el nombre de **vaquerías**. Quienes participaban de estas peligrosas incursiones eran cazadores nómades que más tarde recibirían el nombre de **gauchos** o **gauderios**.

Las disputas por la riqueza vacuna llevaron a la demarcación de la propiedad de la tierra y del ganado (y también a la de las fronteras entre la sociedad colonial y los aborígenes). Surgió así la estancia colonial.

A finales del siglo XVIII, la implantación de la industria del **saladero** impulsó la exportación de carnes, cueros y lanas. Y la estancia, heredera de las antiguas vaquerías, se transformó en la base del desarrollo económico de la región (desde 1825, los ganaderos de Buenos Aires se convirtieron en los principales exportadores de cuero y carne salada o tasajo).

En el siglo XIX comenzó la introducción de razas extranjeras para la cruza y mejora de nuestros bovinos:

### • Aberdeen Angus

Raza de origen escocés, una de las más difundidas en el país por sus aptitudes para el engorde y fácil adaptación a nuestras pampas. Se cría en el país desde 1879. Da excelentes madres criadoras y novillitos de fácil engorde a pasto. Su carne tiene el sabor y la terneza que caracteriza a la ganadería argentina.

### • Hereford

Originaria de Inglaterra, fue traída a nuestro país en 1862. Una de sus mayores virtudes es la de proveer los baby beef, muy apreciados en la cocina internacional.

### • Shorthorn

Fue la primera raza mejorada del ganado criollo. El primer toro fue importado en 1826. Esta raza, originaria de Inglaterra, adquirió renombrada fama a través del típico novillito de consumo.

### • Holando Argentino

Originaria de Holanda (Países Bajos), los primeros ejemplares llegaron en 1880. Ha alcanzado un nivel de selección y producción a la altura de los países de mayor desarrollo en el mundo ganadero lechero. Por sus aptitudes, se trata de la raza lechera de la Argentina por excelencia. La expansión de la exportación de carne tuvo un nuevo impulso con la instalación de la nueva industria frigorífica.

Los principales compradores de carne eran ingleses y buscaban maximizar la relación calidad-precio, por eso preferían los cortes con más carne y menos hueso y grasa. La parte más huesuda y con grasa, los costillares, no les resultaba muy atrayente.

El criollo, maestro asador, tomó los desechados costillares y los asó, dándole así fama a este delicioso y novedoso corte. Fue así como surgió este manjar: el **asado de costilla** o **asado de tira**.

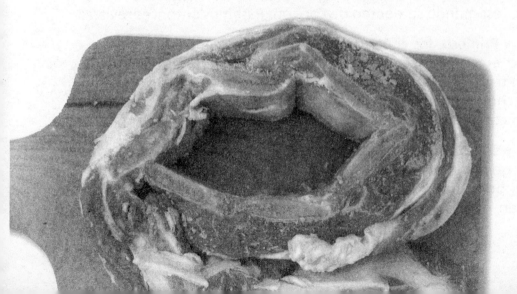

# 1.2 El asado, ¿en qué consiste?

Técnicamente, el método de asar se define como **cocción por concentración**, diferente de la cocción por evaporación, en olla, en agua o un medio líquido. Es el más primitivo de los recursos que usó el hombre para cocer sus alimentos, ya que sólo se necesita fuego y un soporte (parrilla o grilla) para disponer lo que se quiere asar.

Esta técnica permite que se forme una ligera capa en las carnes rojas (bovinos y ovinos) que sella los jugos en su interior, procediendo luego a disminuir la intensidad del fuego para terminar la cocción. Sin tostar el exterior de la carne, ésta quedará jugosa y tierna.

## 1.2.1 Guía rápida para reconocer un buen asado

En un buen asado, debe haber: chorizos, morcillas, chinchulines, riñones, mollejas, tripa gorda, asado de tira (también llamado de costilla o simplemente asado), vacío, matambre y marucha. También se puede agregar entraña y entrecot. Algunos prefieren pollo, pechito o matambrito de cerdo y hasta alguna pieza de cordero.

Todo este grupo tiene un prolijo orden de llegada a la mesa, respetando su tiempo de cocción. Pasemos entonces revista:

• Primero, los chorizos, que tradicionalmente se comen como emparedado o sandwich (el famoso choripán), abriendo un trozo de pan francés a lo largo e incorporando en el medio el chorizo, también abierto en sentido longitudinal y aderezado con chimichurri o salsa criolla.

• Siguen las morcillas y luego, las achuras: los riñones, por lo general condimentados con ajo y perejil; las mollejas, con un poco de jugo de limón; los chinchulines y la tripa gorda, bien cocidos y crocantes (también con algunas variantes no siempre aceptadas por los más tradicionalistas, como trenzados o rellenos con panceta o queso rallado).

• Finalmente, las carnes: el vacío es más magro que el asado de tira y suele ser menos tierno, pero bien jugoso es un verdadero deleite.

Y queda un asunto más por atender: la puntualidad de los comensales. Quienes son invitados a un banquete de esta naturaleza deben respetar el horario preestablecido ya que **cada corte de carne o achura tiene su tiempo de cocción y hay que comerlo en el momento justo.** Así pues, la carne va derecho y sin demoras, de la parrilla al plato.

# 1.3 Todo lo que conviene saber para que no le vendan "gato por liebre"

Dentro de la tradición criolla se usan sólo ciertos cortes. La manera de cortar las reses varía según cada país, e incluso en la Argentina los mismos cortes tienen denominaciones diferentes, en distintas regiones.

Veamos, entonces, los siguientes gráficos que expresan, además, las equivalencias nominales entre la República Argentina y los Estados Unidos de Norteamérica.

**República Argentina**

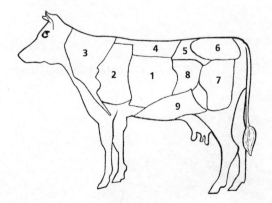

| 1 | Costillar |
|---|---|
| 2 | Marucha o paleta |
| 3 | Azotillo |
| 4 | Bife de costilla |
| 5 | Lomo |
| 6 | Cuadril |
| 7 | Nalga |
| 8 | Vacío |
| 9 | Matambre |

## Estados Unidos de Norteamérica

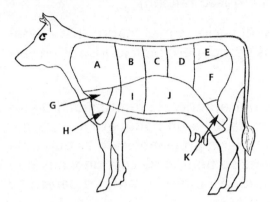

| | |
|---|---|
| A | Chuck |
| B | Ribs |
| C | Loin |
| D | Sirloin |
| E | Rump |
| F | Round |
| G | Brisket |
| H | Foreshank |
| I | Plate |
| J | Flank |
| K | Hind shank |

Los cortes del cuarto delantero suelen ser económicos y los del cuarto trasero, bastante más costosos. Pueden reconocerse, además, como externos e internos. Veamos entonces, de acuerdo con esta última clasificación, algunas características de cada corte para orientar la elección según los gustos del asador y los comensales.

# 1.3.1 Cortes externos

### • Aguja

Es el corte inmediatamente posterior al cuello. Es carne fibrosa y seca. Puede prepararse a la parrilla, a la plancha, hervida o en estofado.

### • Azotillo

Corte del cuarto delantero.

### • Bife de chorizo

Es el músculo interno de la costilla que ha sido despojado del hueso. Se denomina así por la forma más o menos cilíndrica y alargada que tiene la carne una vez separada del hueso, antes de ser cortada en bifes. También llamado bife ancho o entrecot (segmento delantero) o bife angosto (segmento trasero). En general, es un corte muy grueso que puede tener hasta cuatro o cinco centímetros de espesor. Algunas personas lo prefieren abierto como un libro, seccionado en la mitad de su espesor, sin llegar a separar las dos mitades. Así servido en el plato se pide "cortado a la mariposa".

### • Bife de costilla

Es el bife con el hueso de la costilla aún adherido.

El asado americano es, en realidad, un tipo de sección que se aplica a bifes angostos y medianos. Consiste en realizar cortes transversales al hueso a fin de obtener tres tiras de la pieza. El resultado, visualmente, es semejante a un costillar.

### • Carnaza

Se conoce con este nombre a la paleta y a la palomita.

### • Colita de cuadril

También conocido como punta de vacío, es el corte triangular ubicado por debajo del cuadril y detrás del vacío.

### • Costillar

Infaltable en un asado criollo típico. Algunos prefieren las primeras costillas, hasta la tercera. Son más angostas y su carne es muy sabrosa. De la cuarta hacia atrás, son más gruesas y tienen más grasa. Generalmente, las primeras se cortan en trozos de cuatro o cinco centímetros, y las más anchas, de diez centímetros.

### • Cuadril

Corresponde a la grupa del animal. Es de tejido y grano fino, y muy jugosa. Se utiliza para hacer distintas comidas ya que se adapta muy bien a distintos tipos de cocción.

### • Falda

Es la última parte del costillar, con huesos cartilaginosos y con mucha grasa. Es de tipo fibroso y grano grueso, y seca. Suele usarse en pucheros, locros y guisados.

### • Garrón

Es el corte de la pata.

### • Marucha

Es un músculo con huesos cartilaginosos que proviene del cuarto delantero. Incluye al omóplato (conocido como paleta).

### • Matambre

Se trata de una pieza de carne plana y amplia. Sobre una de sus caras tiene una capa de grasa. Cubre la parte baja del costillar y parte del vacío. En el caso de la ternera (se denomina así a los vacunos de seis o siete meses), es delgado y asado suele resultar un poco seco si no se lo adoba apropiadamente.

### • Palomita

Es el corte lindero con la paleta.

### • Tapa de asado

Es una lámina muscular plana que cubre el costillar. Antes se solía cortar el asado de tira (o de costilla) junto con la tapa de asado. Ahora se separa la tapa de asado del costillar y se venden ambos cortes por separado.

- **Tortuguita**

  Es el corte del cuarto trasero.

- **Vacío**

  Es el músculo que une a las costillas con el cuarto trasero, recubierto por una membrana. Es de tipo fibroso y grano grueso, y jugoso. Ideal para la parrilla.

## I.3.2 Cortes internos

- **Bola de lomo**

  Es el músculo del cuarto trasero. Es un tejido fibroso y seco, ideal para preparar milanesas, escalopes o estofados.

- **Entraña**

  Músculo plano y extenso del interior de la vaca, fibroso, bastante graso y, por ende, sabrosísimo.

- **Lomo**

  Es un músculo con forma de cono alargado, cuya parte más ancha apoya sobre la cadera y la más angosta termina en el centro del costillar. Suele usarse en las brochettes –pequeños trozos de carne pinchados en un estilete–, intercalados con panceta, cebollas, tomates y ajíes, también trozados.

- **Peceto**

  Es de tejido fino y seco. Suele usarse para hacer milanesas y estofados.

- **Tapa de nalga**

  Está ubicada en la cara interna y superior del muslo (pata trasera).

### 1.3.3 La elección de los argentinos

De los cortes expuestos, no todos son convocados para un tradicional asado argentino. El orden de preferencia es el siguiente: el primero es el asado de tira, después siguen el vacío (a algunos les gusta más la punta de vacío), el matambre, la marucha y el entrecot.

Otros prefieren alguna presa de pollo o algún corte de cerdo: jamón (raíz de la pata trasera), paleta (raíz de la pata delantera), costeleta, carré, pechito (costillar) o matambre (siendo estos dos últimos los elegidos).

Achuras y embutidos, siempre presentes, merecen un capítulo aparte.

## 1.4 Al elegir la carne...

La preocupación de todo asador es que la carne resulte tierna. Para ello, podemos señalar algunos indicios para tomar en cuenta a la hora de comprar.

### • El tamaño y juventud del animal

Si bien hay razas de animales más grandes que otros, es conveniente elegir las costillas chicas y el matambre chico, provenientes de carne de ternera o novillo, es decir, de animales jóvenes.

## • La gordura

El animal gordo suele resultar más tierno que el flaco.

## • El color

La carne de animal joven es más rosada. Lo más seguro es el color de la grasa: grasa blanca es sinónimo de animal joven, grasa amarilla de animal viejo.

Para el pollo, es mejor aquel que tiene la piel amarilla.

## • La permanencia prolongada en la heladera o freezer

Puede ser un factor de dureza si no se deja ambientar a la carne correctamente.

Si compra la carne pero no piensa asarla en el momento, tenga en cuenta algunos detalles para conservarla de la mejor manera:

**En la heladera:**

**1.** Colocar la carne en la parte superior del gabinete, porque es menos húmeda.
**2.** Guardarla descubierta.
**3.** Se conserva bien por dos o tres días; después va perdiendo el color rojizo y se vuelve oscura.

**En el congelador:**

**1.** Colocar la carne en una bolsa plástica.
**2.** Se conserva por una semana.

**En el freezer:**

**1.** Colocar la carne en un bolsa plástica.
**2.** Se conserva hasta ocho meses, la carne; y hasta tres meses, las achuras.

**UN SECRETO**

Unas cuantas horas antes de cocinar la carne, hay que dejar que se oree para que tome la temperatura ambiente. Una carne fría y puesta al asador perderá todos sus jugos, no se sellará y no quedará jugosa.

Muchos asadores afirman que la consistencia de la carne, o al menos la sensación que se tiene al masticarla, cambia de acuerdo con el sentido de la sección, según sea ésta longitudinal o transversal.

Si el corte es longitudinal, a lo largo, en el sentido de las fibras musculares, la carne resulta más suave que si el corte es en sentido transversal, a lo ancho. En este último caso, se siente más firme y fibrosa.

# 1.5 La cantidad por persona

Es imprescindible conocer la cantidad de comensales y, si se trata de un asado familiar, la cantidad de mujeres, niños y abuelos (ya que las mujeres y los ancianos suelen comer menos y beber alcohol moderadamente). Generalmente se redondea la estimación en medio kilogramo de carne por persona, sin contabilizar achuras ni embutidos.

El vino ideal para un buen asado es el tinto, seco y de mucho cuerpo, como el cabernet sauvignon. Se calcula que los hombres no beben menos de medio litro y las mujeres, no más de un cuarto. También hay que prever agua suficiente y alguna gaseosa para los más pequeños.

La cantidad de pan y la variedad de ensaladas se asocia al gusto de los comensales.

*"El que vive de la caza
a cualquier bicho se atreve,
que pluma o cáscara lleve,
pues cuando el hambre se siente
el hombre le clava el diente
a todo lo que se mueve."*

# 2
# A encender
# el fuego

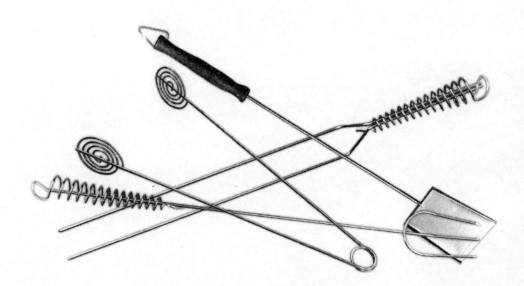

# 2.1 La parrilla

La parrilla es uno de los elementos más importantes para el asador. Existen muchas variedades: fijas cerradas o abiertas, rodantes, portátiles, para dos fuegos; pero todas tienen algo en común: una rejilla de hierro llamada grilla sobre la que se coloca la carne para asar.

Tiempo atrás, cuando el gaucho poblaba la extensa pampa argentina, era muy común hacer y comer asado a campo abierto. Largas travesías lo obligaban a detenerse a comer en el camino. Como es fácil de imaginar, no llevaba consigo una parrilla (o grilla), de manera que el asado se hacía bajo el nivel del suelo: cavaba un pozo en un terreno seco, encendía el fuego en su interior y colocaba la carne a nivel del suelo a una distancia adecuada del calor. Unas ramas de arbusto hacían de estilete: servían para traspasar y sostener la carne como si fuera una brochette. Hoy en día casi no se usa esta forma de asar y para disfrutar de un buen asado, basta con tener una parrilla.

Habitualmente llamamos parrilla tanto a la obra de mampostería sobre la que se hace el fuego como a la rejilla metálica sobre la que se coloca la carne. Por eso, vamos a reservar el término grilla a la rejilla metálica para diferenciarla de la otra y evitar confusiones a lo largo del texto.

Vamos a detenernos ahora en los tipos de parrilla más conocidos.

# 2.1.1 Parrilla fija

## • Parrilla fija abierta

Es relativamente fácil de hacer. Se construye una mesada de material a unos 80 cm del suelo, cuya superficie será el piso de la parrilla sobre la que luego se colocará la grilla. Se hace una losa de 10 cm de espesor y se cubre el piso con ladrillos refractarios para evitar que el cemento se descascare por las dilataciones y contracciones que provoca el cambio de temperatura. El ancho y el largo depende del uso que se le quiera dar. Sobre el piso, se hace luego un reborde perimetral de unos 30 cm que cubra los laterales y la parte posterior, que servirá para que las brasas no se caigan al piso y para proteger el fuego del viento. Esta parrilla no tiene tiraje ni protección contra la lluvia.

## • Parrilla fija cerrada

Es la que se usa comúnmente en la ciudad, en el jardín de la casa, la terraza del edificio, etc. Tiene varias ventajas sobre la parrilla abierta: protege la carne del frío, del viento y de la lluvia; tiene tiraje para una mejor eliminación del humo y permite el acceso de aire a la combustión. El tiraje es un punto clave en este tipo de parrillas. La parrilla cerrada para uso familiar es pequeña y, por ello, suele no presentar problemas. La cuestión se complica un poco si la parrilla es grande, ya que su tamaño puede traer inconvenientes si el tiraje no es adecuado. No dude en hacer una consulta con un profesional. Un arquitecto puede ayudar a prevenir problemas.

El piso de la parrilla se construye de la misma manera que en el caso de la parrilla abierta. Para calcular bien las medidas es conveniente saber que lo ideal es que el piso de la parrilla tenga dos zonas diferenciadas:

- **la zona de la brasería, el lugar donde se preparan las brasas;**
- **la zona de la grilla, el lugar de la cocción.**

Conviene separarlas con un tabique de ladrillos ubicados de canto, de unos 30 cm de altura (es recomendable hacerlo para evitar que el calor de la brasería afecte la carne colocada sobre la grilla).

El ancho de la zona de la brasería puede ser de unos 35 cm. Si no hay tabique, entonces el ancho debe ser aún mayor, de unos 50 cm aproximadamente, para no dejar las brasas muy cerca de la grilla.

El piso de la parrilla debe sobrepasar el perímetro de la grilla para que podamos colocar las brasas aun por fuera de ella, para evitar que la carne ubicada cerca de los bordes reciba menos calor. Deben quedar libres unos 15 cm hacia el borde posterior y unos 30 cm, hacia el borde anterior. Así, la profundidad será de:

30 cm libres en el borde anterior; 40 cm (como mínimo) de profundidad de la grilla; 15 cm libres en el borde posterior. Todo da un total de 85 cm.

La medida del ancho será variable de acuerdo con el uso que se le pretenda dar, pero conviene dejar **15 cm libres** del lado que no limita con la brasería. **Si no hay tabique** de separación, entre la brasería y el comienzo de la grilla deben quedar libres unos 25 ó 30 cm; **si hay tabique**, basta con dejar unos 15 cm libres.

Recordemos que se trata de una parrilla familiar, de fin de semana, para hacer asado para un número relativamente reducido de comensales. En cambio, si se trata de la parrilla para un club, por ejemplo, las medidas deben ser considerablemente más grandes.

Con el objetivo de proteger las brasas y la carne de la lluvia, el frío y el viento se construye la **campana**: se eleva sobre el piso de la parrilla desde el borde perimetral. En general, las paredes se mantienen rectas hasta llegar a unos 70 cm de altura (hasta el borde superior de la boca de la parrilla) y luego se van angostando para formar la chimenea.

Se cubren todas las paredes interiores de la campana con ladrillos refractarios hasta unos 50 cm de altura. Es conveniente cubrir también el resto de la altura de la campana y el interior de la chimenea con ladrillos comunes, colocados de plano, o revoque resistente al calor.

Se deja una abertura en el frente de la campana que será la **boca de la parrilla**, cuyo ancho será de casi todo el ancho del piso. Esto es así para facilitar el manejo de las brasas y de la carne, y la limpieza de la parrilla después del asado. El alto de la boca será de unos 65 ó 70 cm (una boca demasiado alta guarda menos calor y una demasiado baja no resulta cómoda para el asador, que tendrá que agacharse mientras cocina). Es conveniente colocar una puerta en la boca de la parrilla que puede ser separable, tipo guillotina, rebatible, etc.

Debajo del piso de la parrilla queda un espacio que resulta ideal para guardar la leña o el carbón. Conviene que el piso esté un poco elevado para que no entre agua cuando llueve, y con una pequeña inclinación hacia delante. Es recomendable colocarle una puerta.

## • Con respecto a la grilla

La grilla es lo más común para hacer asado. La transfixión se usa generalmente para asar corderos y cabritos, y el asado en pozo o zanja es poco frecuente.

La grilla puede ser fija o móvil y, en general, tiene barras de hierro cilíndricas. El tamaño depende de la cantidad de personas y del tamaño de la parrilla (recordar lo dicho anteriormente sobre los centímetros que deben quedar libres entre el perímetro de la grilla y el del piso de la parrilla). Si es **fija**, la grilla debe tener patas para poder apoyarse sobre el piso de la parrilla. La altura puede oscilar entre 12 cm y 15 cm (a mayor altura necesitará más combustible).

Las barras van separadas entre sí por un espacio de 2 cm. Para evitar que los chinchulines y otras achuras caigan al fuego por el espacio que queda entre las barras, se puede dividir la grilla en dos partes: una, de mayor superficie, para las carnes, con una separación de 2 cm entre barra y barra; y otra, de menor superficie, para los chinchulines, con una separación de 1 cm entre las barras (conocida como "sector chinchulinero").

Una variante consiste en usar chapa acanalada enlozada en lugar de barras de hierro (pequeñas canaletas ubicadas a 2 cm de distancia unas de otras). En este caso, conviene darle a la grilla una pequeña inclinación hacia adelante para que la grasa caliente escurra hacia una canaleta más grande colocada en sentido perpendicular.

Si quiere variar la altura de la grilla, puede simplemente poner algunos ladrillos debajo de las patas.

Algunas grillas disponen de un sistema
de cadena o de polea que permite regular
su altura de acuerdo con los requerimientos
del asado. Conviene colocarle unas guías
verticales para que no se mueva mientras se
está usando. En este caso, se trata de una
grilla móvil.

### • Parrilla con segundo fuego

Algunas parrillas están preparadas para un segundo fuego.
En el interior de las paredes laterales de la parrilla, a unos 35 cm
del piso, se colocan los soportes fijos para el segundo fuego y
después se apoya una chapa gruesa sobre la que se hará el fuego principal. En el piso de la parrilla se dejarán sólo algunas brasas para mantener el calor. Así, la grilla queda entre la chapa y
el piso de la parrilla y la carne entre estos dos fuegos.

El perímetro de la chapa debe ser mayor que el de la grilla
(así el calor llegará en forma pareja a todas las zonas de la grilla) y debe tener los bordes levantados hacia arriba unos 4 ó 5
cm para evitar que las brasas y las cenizas caigan sobre la carne.

## 2.1.2 Parrilla rodante

No es la que se usa tradicionalmente, pero sirve para hacer un asado pequeño, en casa. No tiene brasería ni campana. Es de metal, de chapa enlozada, y la grilla puede ser de chapa acanalada (lo que permite que la grasa se escurra hacia una canaleta más grande ubicada en sentido perpendicular). Puede tener ruedas que faciliten el traslado al lugar deseado (balcón, patio o terraza). Después del asado, se puede limpiar y guardar. Habitualmente las medias estándares son de 60 cm de ancho, 75 cm de alto y 35 cm de profundidad.

## 2.1.3 Grilla portátil

Es plegable y suele usarse para hacer asado durante un picnic, por ejemplo. Es pequeña, por eso sirve para asar carne para pocas personas.

# 2.2 ¿Leña o carbón?

Las claves para un buen asado tienen que ver no sólo con los cortes y la calidad de las carnes, sino además con la administración del fuego y el tiempo de cocción. El fuego debe regularse para asegurar una cocción lenta a fin de que la carne resulte dorada y jugosa.

Según la tradición, el fuego debe hacerse con leña porque agrega a la carne el sabor ahumado típico del asado criollo. Sin embargo, hoy se ha generalizado el uso del carbón, por razones de practicidad. La elección entre la leña o el carbón depende básicamente del gusto y de la disponibilidad de uno u otro. Pero hay combustibles que nunca deben usarse porque alteran el sabor de la carne y dan mal olor, por ejemplo: madera pintada, kerosene, gas oil, gas y otros productos inflamables.

Si prefiere usar leña, hay que tener en cuenta que la madera no debe estar verde ni húmeda. Es recomendable elegir algún tipo que tenga un buen rendimiento calórico, que no haga chispas (son una molestia para el asador) y que genere brasa de larga duración como el quebracho, el algarrobo y el lapacho. También son aconsejables algunos arbustos (el piquillín, por ejemplo), como así también la vid y otros árboles de huerta. No son adecuadas las maderas que arden con rapidez y son muy olorosas, como las coníferas y el eucalipto.

La madera más dura da buena brasa, tiene mejor rendimiento calórico y es, por lo tanto, difícil de encender. Y al revés: la madera de fácil encendido se consume rápidamente y tiene un rendimiento calórico menor. Por eso, lo mejor es empezar el fuego con leña liviana y seguir después con la más fuerte.

# 2.2.1 Para encender el fuego

Empiece el fuego en la zona de la parrilla destinada a la brasería, con leña liviana y mechas de papel de periódico. Un dato importante: no haga bollos con el papel de diario porque se consumen muy rápidamente. Haga "mechitas", enroscando y retorciendo las hojas del periódico.

Algunos asadores hacen una especie de aros con las mechas de papel de diario, trenzando los extremos. Apile los aros de papel uno arriba de otro hasta una altura de unos 15 cm. Sobre ellos, ubique en forma cruzada ramitas o tablitas de madera de fácil combustión (el pino es ideal). Si va a usar carbón, coloque un poco rodeando la pila que formó con los aros de papel y encienda uno de ellos (el que quedó arriba).

Si va a usar leña, coloque maderas livianas alrededor de los aros y encienda la mecha de papel, igual que en el caso del carbón. Es bastante común usar la madera de cajones de fruta, como los que se ven en las verdulerías y fruterías, porque se enciende fácilmente.

Si la parrilla no es lo suficientemente grande o no está dividida en dos partes, encienda el fuego directamente sobre el piso, sacando o elevando la grilla.

Una vez que ha obtenido el primer fuego, forme una pila de leña o de carbón (siempre de buena calidad), con cuidado y sin cargarla mucho para no ahogar la combustión. Puede avivar el fuego agitando una pantalla o un trozo de cartón grueso, o con la ayuda de un fuelle de mano.

Hacer buena brasa toma unos treinta minutos como mínimo (a veces un poco más, según la dureza de la madera que se esté usando). Es fácil saber si la brasa está hecha: a medida que toma color rojo se va cubriendo de una capa de ceniza blanca y, al partirla en trozos más chicos, no deben verse zonas negras (que indicarían una combustión incompleta).

Cuando compruebe que la brasa está lista, coloque una buena cantidad debajo de la grilla para calentar el piso de la parrilla. Después, redúzcala y acomódela de la siguiente manera: cubra en forma pareja el piso de la parrilla, reforzando debajo de las carnes más gruesas, siempre cuidando de no arrebatarlas. Hay otras personas que acostumbran colocar algunas brasas en forma de círculo, reforzando las zonas periféricas de la grilla, agregando brasas a medida que se hace necesario. Y también hay quienes combinan ambos métodos de la siguiente manera: cubren el piso de la grilla de manera uniforme con brasas medianas y luego forman una corona de brasas más grandes alrededor y por afuera de la grilla.

Si tiene una parrilla con campana, recuerde que es conveniente colocar brasa suficiente en el borde que da hacia el asador porque se pierde mucho calor por la boca de la parrilla.

El tiempo que toma hacer un asado depende del tiempo que demanda encender el fuego, preparar la carne, y cocerla. Todo este proceso se desarrolla entre dos o tres horas, aproximadamente.

# 2.3 Elementos necesarios para manipular las brasas y las carnes

Un buen asador necesita pocos elementos para manipular las brasas y la carne durante la cocción. Sin embargo, hoy es posible encontrar una variedad de utensilios reservados para los más sofisticados. En el campo es bastante común asar en el suelo, por lo tanto sólo se necesita un atizador para mover las brasas y un buen cuchillo para la carne.

Para el asado hogareño es suficiente tener a mano una palita para mover las brasas y un atizador con punta en forma de ángulo. Algunos usan una pinza para transportar las brasas hacia los trozos de carne que necesitan más calor o para acomodar las brasas que se caen de la pila mientras se hace el fuego. La pala sirve para trasladar las brasas desde la brasería hasta el piso de la parrilla. Resulta especialmente útil en las parrillas con chapa para segundo fuego porque facilita el traslado de las brasas desde la chapa hasta el piso de la parrilla. Para todo lo demás, acomodar las brasas o moverlas debajo de la grilla, bastará el atizador.

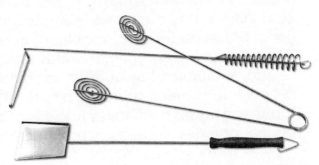

La cuna resulta muy útil para hacer las brasas. Es un contenedor con barras transversales de hierro, que se coloca sobre el piso de la parrilla, en la zona de la brasería. Se ubica la leña sobre las barras y se enciende el fuego. A medida que se van haciendo, las brasas pasan entre las barras y caen al piso de la parrilla. Las brasas ya hechas se trasladan con la pala debajo de la grilla.

Hay otro elemento para hacer las brasas: es una especie de cesta enrejada de hierro. Cumple la misma función que la cuna. Incluso algunos la usan para asar chinchulines y otras achuras (la escasa separación entre las barras evita que se caigan sobre las brasas).

El uso de estos elementos queda a criterio del asador. Los más tradicionalistas prefieren hacer el fuego en el piso.

Para cortar la carne lo mejor es usar un cuchillo grande y de punta aguda. Sirve para sacarle el exceso de grasa y los cartílagos, antes de ponerla sobre la grilla.

Además, muchos asadores suelen usar un tenedor largo porque protege las manos del calor de la parrilla. De todos modos, es recomendable no pinchar la carne durante la cocción para evitar que pierda los jugos interiores (el objetivo del sellado es, justamente, conservarlos). Es mejor usar una pinza para dar vuelta la carne y para sacarla de la grilla. Si no dispone de una pinza, puede usar el tenedor como palita y el cuchillo para sostener el trozo de carne desde arriba.

El estilete largo se usa para fijar las achuras (chinchulines, tripa gorda, etc.) y embutidos. Viene con dos y tres dientes. Es preferible el bidente porque evita que la carne gire al darla vuelta sobre la parrilla. Es decir, facilita el manipuleo y, además, lacera menos que el tridente.

También hay otros elementos como ganchos para mover piezas enteras o de gran tamaño como corderos; hachas, para cortar huesos; tijeras, para trozar pollo o lechón. Incluso algunos tienen un cuchillo que usan sólo para el asado, de muy buen filo y de acero de buena calidad.

Quienes gustan del pescado a la parrilla suelen usar una prensa metálica, una especie de libro de alambre tejido: se abre, se coloca el pescado y luego se cierra. También sirve para asar las achuras.

No debe faltar una tabla para cortar la carne, con una pequeña canaleta cerca de los bordes para evitar que se caiga el jugo, y una cuchara para el chimichurri.

Para la limpieza de la parrilla después del asado, bastará un cepillo de alambre para remover la grasa y restos de carne de la grilla. Es conveniente dejar que la parrilla se enfríe y la grasa se solidifique porque así saldrá fácilmente. La pala servirá para retirar las brasas sobrantes, totalmente apagadas, y las cenizas.

*"Si ensartaba algún asao,*
*¡pobre! ¡como si lo viese!*
*poco antes de que estuviese,*
*primero lo maldecía,*
*luego después lo escupía*
*para que naides comiese."*

# 3
# Tres técnicas para un buen asado

Ya vimos cuáles son los mejores cortes de carne para asar, algunas consideraciones que conviene tener en cuenta a la hora de comprar, detalles sobre la parrilla, cómo encender el fuego y cuáles son los elementos necesarios que debe tener a mano un asador para manipular las brasas y la carne. Ahora nos vamos a detener en la técnica de asar, paso a paso, de acuerdo con tres opciones tradicionales: a la parrilla, con cuero, y a la cruz.

# 3.1 Asado a la parrilla

## 3.1.1 ¿Es mejor salar antes o después de la cocción?

Hay defensores y detractores de uno y otro lado; pero como cada maestro tiene su estilo, vamos a explicar ambas opciones para que luego sea su paladar quien decida.

Para asar carne de vaca y de pollo se usa solamente sal, porque así se puede apreciar mejor su exquisito sabor. La única excepción es el costillar, que suele adobarse con algunos aderezos que veremos más adelante. Por lo demás, chivito, cordero, cerdo y pescado también se saborizan con salsas.

Lo más común es la sal parrillera, que es más fina que la sal gruesa y se absorbe más rápidamente (aunque hay quienes usan fina, gruesa o mezcla de ambas).

Y entonces:

**• Los que salan antes de la cocción dicen...**

Conviene estirar la carne sobre la mesada, cubrir de sal ambos lados, masajear suavemente. Después, llevarla al fuego, siempre con el hueso hacia la parrilla (si no tiene hueso, la parte con más grasa hacia abajo). Quienes prefieren salar antes, argumentan que la sal y los jugos de la carne forman una costra exquisita. Los que están en contra afirman que la sal absorbe los jugos y seca la carne.

**• Los que se oponen dicen...**

Poner la carne sobre la grilla (sin salar). Antes de darla vuelta, salar la cara que está hacia arriba y que aún permanece cruda. Después de salar, darla vuelta para terminar la cocción. Algunos prefieren salar la carne después de haberla dado vuelta, es decir, salan la superficie que queda hacia arriba, ya cocida. Dicen que de esta manera la carne se seca menos y queda más sabrosa.

Algunos salan sólo una cara, y otros, las dos.

**• Y los que no quieren ni una cosa ni la otra...**

Poner la carne en la grilla. No salar durante el proceso de cocción. Una vez en la mesa cada comensal le pone sal según su gusto. Los que prefieren hacerlo así, dicen que la carne conserva sus jugos sin secarse. Quienes se oponen dicen que la sal no llega a impregnar la carne.

# 3.1.2 La cocción

Recuerde que la carne debe estar a temperatura ambiente (si está en el freezer, sáquela varias horas antes para asegurarse de que esté totalmente descongelada. Si está en la heladera, dos o tres horas antes).

Al asar la carne, lo que haremos será exponerla directamente sobre la grilla sin recipiente alguno, a un calor seco (a unos 200°C aproximadamente) que iniciará un proceso de cocción gradual que irá deshidratándola y provocando un cambio en las estructuras de las proteínas, los azúcares y las grasas.

Hay tres factores importantes:

• **La intensidad del fuego**: ¿Cuánto fuego? ¿Mucha brasa o poca brasa?

• **La altura de la grilla**: ¿Cerca o lejos de las brasas?

• **El tiempo de cocción**: ¿Cuánto tiempo? ¿Cuándo hay que darla vuelta? ¿Se pone todo junto?

Podemos variar los dos primeros, y entonces de ellos dependerá el tiempo de cocción. También hay que agregar otros factores que hemos mencionado con anterioridad: el tipo de parrilla (cerrada o abierta, ya que en la segunda el calor se concentra mientras que en la primera sucede todo lo contrario) y el espesor de la carne, por ejemplo.

Si la grilla es fija, debe ubicarse entre 12 y 15 cm de altura, nunca menos que 10 cm.

Si la intensidad del fuego es mucha puede arrebatar el asado; si es poca, lo puede apucherar. Quedarse sin brasas durante la cocción es un problema porque tendrá que volver a hacer brasas mientras la carne está sobre la grilla. Esto altera la calidad del asado. Para evitar inconvenientes, siempre es mejor asegurarse suficiente brasa desde el principio.

Administrar el tiempo de cocción es también cuestión de práctica: si es poco, estará crudo y si es mucho, se pasará.

## • ¿Cómo se sella la carne?

La cocción se inicia con el sellado. Este proceso se hace sólo con las carnes de vaca, ya que la carne ovina, porcina, de aves y pescados deben comerse muy bien cocidas. El objetivo del sellado es mantener los jugos naturales de la carne, evitando que se seque como consecuencia de la deshidratación propia de este proceso de cocción.

Recordemos que una vez sellada, la carne no debe pincharse. Por eso es mejor usar una pinza para manipularla durante la cocción y para darla vuelta (si no tiene una pinza para carnes, utilice el tenedor como pala y el cuchillo a modo de pinza).

Se da un golpe de fuego breve a las dos caras del trozo de carne, al comenzar la cocción. Así se forma una capa finita, de apenas un par de milímetros, sobre la superficie de la carne. Una vez conseguida esa capita, retirar el exceso de brasa y continuar la cocción con fuego normal.

## • ¿Cómo se sigue?

Hay que colocar la carne cuando el piso de la parrilla esté caliente, nunca antes, y reforzar con más brasas debajo de los trozos más gruesos. Una vez en la parrilla, la carne no se pasea por la grilla: es la brasa la que se mueve hacia donde se necesita.

La carne va con el hueso hacia abajo (si no tiene hueso, entonces será la parte más grasosa). Si se asa un animal entero, se coloca el lomo hacia arriba y la parte del vientre hacia abajo. Una vez que se ha asado la cara inferior, se dará vuelta la carne, sin pincharla, para no afectar el sellado.

**La carne se da vuelta sólo una vez:** si tiene las marcas de la grilla es porque ha estado largo tiempo sobre ese lado.

Algunos esperan que se ase la mitad del espesor; otros, las tres cuartas partes.

Hasta aquí vimos cómo es la **técnica de asar con fuego** debajo de la grilla.

En el caso del **asado a dos fuegos**, la fuente de calor más intensa está sobre la chapa (se coloca abundante brasa) que habitualmente estará unos 20 cm por encima de la grilla, dejando debajo de la misma unas pocas brasas. Otra particularidad de la técnica a dos fuegos es que la carne no se da vuelta, sino que se suaviza el fuego de la chapa trasladando brasas hacia el piso, debajo de la grilla, hasta terminar el proceso de cocción. Si se asa un animal entero, a diferencia del caso anterior, se coloca el lomo hacia abajo y la parte del vientre hacia arriba.

También se puede usar el fuego a un lado (técnica del asador vertical), pero la veremos en detalle cuando hablemos del asado a la cruz.

# 3.1.3 ¿Qué ponemos primero en la parrilla?

Si vamos a incluir chorizos, morcillas y achuras, deben estar listas antes que el resto de la carne para que se puedan comer como entrada.

Por eso, para darles el tiempo de cocción que necesitan, lo primero que se pone en la parrilla son los chorizos, riñones, mollejas, chinchulines, tripas y el resto de las achuras. El caso de la morcilla es diferente porque viene precocida y sólo necesita calentarse, así que se coloca más tarde (unos quince minutos antes de servir).

Siguen los cortes con hueso (asado de costilla), siempre con el lado del hueso hacia el fuego, y los cortes más gruesos como los bifes anchos y angostos (entrecot y bife de chorizo) y el lomo.

Recién después van los cortes más delgados como el vacío, la colita de cuadril, matambres y matambritos, y otros cortes que se asan rápidamente. Recuerde exponerlos al calor primero del lado más grasoso.

# 3.1.4 Cronología del asado

Vamos a ver un ejemplo que puede ayudarlo a planificar el tiempo y a organizar la parrilla. Suponiendo que se trata de un asado al mediodía:

11:30 ............Encender el fuego, si va a usar leña dura.

12:00 ............Encender el fuego, si va a usar carbón.

12:30 ............Verificar que la brasa esté bien hecha.
Colocar sobre la grilla los chorizos, los riñones y las mollejas.

12:45 ............Agregar los chinchulines, la tripa gorda (si va asar pollo, es el momento).

13:00 ............Poner las salchichas, las morcillas, el asado de tira.

13:15 ............Agregar los bifes, la marucha, el lomo.
Servir los chorizos, las salchichas y las morcillas.

13:30 ............Colocar los cortes más delgados como el vacío, la colita, el matambre y matambrito.
Servir los chinchulines, tripa gorda, mollejas y riñones.

13:45 ...........Servir el asado de tira. Finalmente,
el resto de la carne a medida que
vaya alcanzando su punto justo
(sólo unos minutos más, quince
a treinta, aproximadamente).

La entrada escalonada de las carnes a la parrilla permitirá sacarlas también en forma escalonada. Esto ayuda a comerlas calientes, tal como salen de la parrilla, y evita que se enfríen en los platos de los comensales.

## 3.1.5 Sobre gustos...

Las personas tienen distintas preferencias respecto de los puntos de cocción de la carne asada. Y como no hay que trinchar las piezas para comprobarlo, a continuación encontrará algunos parámetros, como el color y la consistencia, para poder satisfacer a sus comensales.

• **Asado jugoso**

De color marrón por afuera, beige y rosado por dentro, y con abundante jugo de color más bien rosado.

• **Asado a punto**

Si bien por fuera es parecido al anterior, tiene menos jugo y el interior es más oscuro y ligeramente rosado. Cuando empiezan a salir los jugos en forma de globitos es señal de que el asado está a punto. Es suave ante la presión.

• **Asado bien cocido**

Por fuera es más oscuro que el asado a punto. Tiene pocos jugos y son de color marrón. El interior es marrón claro. Las burbujitas empiezan a secarse. Es más duro y al cortarlo se percibe una consistencia más firme que en los dos casos anteriores.

# 3.1.6 Asado con problemas

Algún defecto en la técnica o una inadecuada exposición al calor pueden devenir en:

• **Asado crudo**

El asado está crudo si se ve beige por fuera y rojizo por dentro. Los jugos son también de color rojizo (en lugar de rosado) y sanguinolentos. En este caso, es probable que haya faltado calor y/o tiempo de cocción. Puede regresarlo a la parrilla para terminar la cocción, pero el resultado no será del todo óptimo.

• **Asado apucherado**

Cuando se lo expone a un calor poco intenso durante mucho tiempo. Se lo conoce con ese nombre por su semejanza con la carne hervida: blanda, con tendencia a la separación (las fibras se abren) y sin jugos.

• **Asado arrebatado**

Cuando está muy cocido por fuera y casi crudo por dentro; es decir, que se ve un color marrón muy oscuro o casi negro por fuera, y rojizo por dentro. Tendrá abundantes jugos, también rojizos y sanguinolentos. Se debe a la exposición breve a un fuego muy intenso (excesiva brasa o grilla demasiado baja).

### • Asado pasado

La carne tendrá un color marrón, opaco, por dentro, y casi negro por fuera. Además no tendrá jugos y, por lo tanto, su consistencia será mucho más firme. La causa principal es dejarla demasiado tiempo en la parrilla.

### • Asado gomoso

Generalmente cuando se usan cortes muy magros o muy anchos. La carne tiene buen aspecto pero su textura será gomosa, y en cuanto se enfríe, seca y dura. También puede suceder esto si deja la carne en la parrilla después de haber alcanzado el punto justo.

### • Asado ahumado

Un asado sale excesivamente ahumado (tendrá olor y sabor a humo) si la madera que se usa para el fuego no es buena o no se controla la altura de la grilla durante la cocción, provocando que el humo excesivo afecte a la carne.

### • Asado pasmado

Sucede cuando el asador se queda sin brasas durante la cocción: la carne se enfriará en pleno proceso, lucirá bien por fuera pero no estará cocida en su interior.

## 3.1.7 Las reglas de oro de un buen asado

Recuerde las siguientes reglas de oro:

• Evite el fuego muy intenso desde el principio.

• Prevea suficiente cantidad de brasas desde el comienzo, para no interrumpir la cocción.

• Mueva las brasas, no la carne.

• Evite pinchar la carne porque romperá el sellado y perderá sus jugos; para darla vuelta (sólo una vez, después del sellado) use la pinza o el tenedor y un cuchillo a modo de pinza.

• Las carnes deben estar a temperatura ambiente en el momento de echarlas a la parrilla.

• Caliente la grilla y úntela con un trocito de grasa de la misma carne. Así mejorará los resultados y es esencial si desea obtener las marcas de la grilla en las carnes.

• La distancia entre la grilla y las brasas puede variar de acuerdo con el tamaño de la parrilla, y si el calor viene de abajo o de abajo y de arriba (a dos fuegos); pero nunca debe ser menor a los 10 cm.

• Dé vuelta las carnes una sola vez (después de haberlas sellado).

• Condimente sólo con sal, antes o después, como prefiera. Si va a usar chimichurri, colóquelo en la mesa en una salsera para que los comensales aderecen su porción a gusto.

• Sirva el asado caliente, directo de la parrilla.

# 3.1.8 Algunas sugerencias más

## • Cordero a la parrilla

En general, suele asarse media res o en cuartos. Se puede usar un adobo simple hecho con ajo y perejil picados, sal, ají molido, aceite y vinagre (o vino).

El cordero se asa a fuego bajo y suave para que se cocine en sus jugos naturales.

Poner a dorar primero el lado de las costillas. El fuego debe ser algo más fuerte debajo de los cuartos.

Debe quedar bien cocido y tierno en los cuartos, con la carne desprendiéndose de los huesos, y el costillar, bien crocante. El tiempo de cocción oscila entre las dos y tres horas, de acuerdo con el tamaño del animal y la intensidad del fuego.

Una vez cocido el costillar, dar vuelta para dorar el lomo, cuidando de no lastimar la carne. Después de haberlo dado vuelta, se pueden rociar con salmuera las partes ya doradas.

Una vez cocido de ambos lados, un golpe de fuego vivo (primero del lado del costillar y después del otro), será ideal para llevarlo caliente y crocante a la mesa.

Trozar y servir.

Si fue adobado previamente y salado, no requiere otros condimentos.

Se puede acompañar con alguna ensalada fresca.

## • Pollo a la parrilla

Abrir el pollo por el lomo, vaciarlo y lavarlo muy bien. Aplanarlo antes de colocarlo sobre la grilla, con el dorso hacia arriba (la parte ventral enfrenta al fuego). Dar vuelta cuando la parte que da al fuego está bien dorada. Con el dorso hacia abajo, perforar el cuero para que salga la grasa. Recuerde que el mejor condimento para el pollo es la sal, aunque algunos usan jugo de limón y adobos simples antes, durante y después de la cocción.

El tiempo de cocción es de 1 hora y media, aproximadamente. Debe estar bien cocido, nunca jugoso.

## • Lechón a la parrilla

Lo mejor es conseguir un lechón de campo, alimentado naturalmente.

Va a necesitar un lechón de ocho a diez kilogramos, bien robusto, blanco, limpio y fresco. Como adobo, dos dientes de ajo picado finísimo, un poco de tomillo, una cucharada de pimentón dulce o picante, una cucharadita de sal fina y aceite.

Es práctica generalizada adobar el lechón con unas doce horas de anticipación. Contrariamente a lo que se hace con chivitos y corderos, el lechón se acomoda en la parrilla con la parte del cuero hacia el fuego, que debe ser muy moderado. Para que quede bien chato y no se encorve durante la cocción, se suelen romper las coyunturas traseras y delanteras.

Con la pieza distanciada de la brasa, la cocción debe ser lenta y constante. Se calcula unas dos horas de cada lado. Habrá alcanzado su punto cuando la carne se separe con facilidad de los huesos y el cuero esté crocante pero no quemado.

Cuando el lechón esté listo, llévelo entero a la mesa y trócelo caliente, a la vista de los comensales.

### • Chivito a la parrilla

El chivito debe ser un "animal de leche" o mamón, es decir, muy joven y, por lo tanto, naturalmente tierno y de sabor suave.

El adobo es muy simple: untar con aceite y romero desmenuzado. Algunos aconsejan no salarlo, ni antes ni durante la cocción para no secar la carne. Se pone a la parrilla del lado interno con brasas suaves, bajo las costillas y más bajo los cuartos. Después de una horita, si ya está dorada esta parte, dar vuelta cuidadosamente la pieza y pincelar frecuentemente con una ramita de romero con una salmuera suave para que no se seque y tome el sabor de la sal.

Después de otra hora, debería estar totalmente dorado (si no, regular el fuego). Evitar la excesiva cocción: el chivito debe quedar tierno y jugoso.

### • Parrillada clásica para cuatro personas

Para esta cantidad de comensales, bastará con:

- 1 kg de asado de tira
- 1 kg de vacío
- 4 chorizos
- 2 morcillas

La elección de los cortes puede variar según su gusto. También puede incorporar algunas achuras (mollejas, riñones, 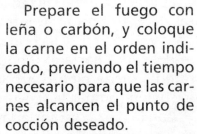 chinchulines o la que prefiera).

Prepare el fuego con leña o carbón, y coloque la carne en el orden indicado, previendo el tiempo necesario para que las carnes alcancen el punto de cocción deseado.

Sirva caliente, a medida que esté a punto.

# 3.2 Asado con cuero

Existen, además, otras formas de preparar asado: el asado con cuero, típico del hombre de campo –sobre todo para las grandes celebraciones con muchos comensales–, y al asador o asado a la cruz.

Como en materia de asado hay tantas variantes como asadores, se pueden encontrar distintas maneras de preparar el asado con cuero. Algunos cocinan los trozos de carne sin cuerear, directamente sobre las brasas, sobre rejas que usan a modo de grandes parrillas. Otros entierran la ternera trozada en una zanja o foso (previamente se hace allí un gran fuego durante algunas horas). Esta modalidad, el asado con cuero en foso, es la que empleaba antiguamente el gaucho en el campo.

En el caso de la parrilla, se puede usar una reja sostenida por pilas de ladrillos si el animal es muy grande (puede ser una ternera o una vaquillona joven). Se lava el animal antes de sacrificarlo porque el asado se sirve con cuero en la mesa. Después se abre, se vacía, y se coloca en forma plana sobre la reja con el **cuero hacia abajo**. Debajo de la reja se colocan las **brasas en cantidad moderada para no quemar el pelo**. (Es recomendable hacer las brasas aparte, con leña fuerte, para ir reponiendo cada vez que sea necesario porque el proceso de cocción puede durar alrededor de catorce horas.)

Se condimenta con salmuera caliente (o con chimichurri, en la mesa, nunca durante la cocción).

La carne no debe darse vuelta. La administración del fuego es un punto clave porque **al final del proceso el pelo no debe estar chamuscado**. Como la carne no está enterrada (y además, el cuero está hacia abajo) es fácil darse cuenta cuándo está lista.

**El asado hecho de este modo sale apucherado porque el cuero impide que se escapen los jugos de la carne**. Para despegar la carne del hueso se usa sólo un cuchillo (excepto en el caso de las costillas, que se dejan como están y se las corta en cuartos), se divide en trozos adecuados para llevar a la mesa y se sirve con cuero. Se come tibio o frío.

**Algunos asadores ponen la carne sobre la reja con el cuero hacia arriba (el vientre hacia abajo)**. Finalmente la dan vuelta, siempre cuidando de que no se queme el pelo. El asado estará a punto cuando los pelos se desprendan con facilidad al tirar de ellos.

Se retira del fuego, se troza y se come frío.

**Otra alternativa es hacer el asado enterrándolo**. Puede usarse una vaquillona de dieciocho meses, cortada en tres partes, con el cuero: las paletas, los cuartos y el costillar. Con esto obtendrá unas quince porciones.

Para ello será necesario cavar un foso de 0,50 m de profundidad y 0,50 m de ancho por 1,20 m de largo. Allí, colocar leña y encender el fuego, que debe permanecer prendido entre tres y cuatro horas, sin que se consuma la leña. De esta manera, la cavidad se calienta lo suficiente como para convertirse en un verdadero horno. Transcurrido ese lapso, retirar las brasas, limpiar el foso, colocar los trozos de la ternera con el cuero hacia abajo, apoyándolos en la tierra caliente, y tapar la carne con una chapa de zinc sobre la que se colocan las brasas retiradas del interior del foso con anterioridad. Es importante mantener el fuego aproximadamente dos horas más, sin destapar durante la cocción. Después retirar la chapa, sacar el asado, limpiar el cuero con un trapo húmedo y servir.

También se puede servir frío. En ese caso, envolver los trozos de carne en lienzos limpios y dejar reposar hasta el día siguiente. Cortar luego en porciones individuales, condimentar con sal y servir.

# 3.3 Asado a la cruz

Es una forma típica de asar la carne. Los gauchos usaban una estaca de madera, con uno de los extremos en punta para poder clavarla en el suelo. Atravesaban la carne con la estaca, la clavaban en tierra y encendían cerca el fuego.

Hoy podemos encontrar variedad de modelos y medidas de asador: la cruz tradicional, la doble cruz y el asador vertical giratorio.

Para disfrutar de un costillar cocido de esta manera, sólo se necesita un asador de hierro en forma de cruz, de más o menos 1,50 m de alto. Entonces ensartar el costillar entero, atarlo a la cruz con alambre para evitar que se deslice y clavar el asador en la tierra. En relación con el fuego, hay dos opciones:

## 1. En forma de círculo, rodeando el asador.

En este caso, el asador debe estar en el centro del fuego a una distancia nunca menor a los 50 cm. No hace falta girar la carne ya que el fuego llega en forma pareja a toda su superficie.

## 2. Un solo fuego.

Clavar el asador en forma inclinada (casi oblicua) con el costillar enfrentando el fuego (es decir que las costillas dan hacia el fuego). Cuando ese lado esté listo, girar el asador para cocinarlo del otro lado. En este caso, el fuego debe ser más intenso, con llamas de leña dura, y estar a una distancia de aproximadamente 50 cm del asador (algunos prefieren alejarlo aún más, a unos 80 cm).

En cualquiera de los casos, condimentar sólo con sal o salmuera caliente (o chimichurri, ya en la mesa, nunca durante la cocción).

*"Y aves, y bichos y pejes,*
*se mantiene de mil modos;*
*pero el hombre en su acomodo*
*es curioso de oservar:*
*es el que sabe llorar,*
*y es el que los come a todos".*

# 4
# Las achuras

# 4.1 Consejos para su preparación y cocción

Las achuras son el complemento ideal de la carne en todo asado criollo. Del araucano "achuraj", *lo que no sirve y se tira*, son distintas vísceras del animal. A continuación encontrará recomendaciones para la preparación y cocción de algunas de ellas en particular.

## 4.1.1 La molleja

Es la glándula timo, que se va atrofiando con el crecimiento hasta desaparecer en la adultez; en consecuencia, cuanto más joven es el animal, más grande es la glándula.

Podemos encontrar: molleja de corazón o de pecho, y molleja de cogote.

## Preparación

• Se puede dejar entera, sacando el exceso de grasa, o abrir a la mitad.

• Existen distintos procedimientos para obtener mayor terneza. Ninguno de ellos se considera "práctica tradicional". Veamos algunos:

a) poner la molleja 30 minutos en leche caliente, sin hervir, antes de llevarla a la parrilla;

b) remojar y hervir en agua la molleja durante 5 minutos para poder sacarle fácilmente el tejido que la recubre;

c) blanquearla[1], utilizando agua helada con abundante sal, y retirar el tejido que la recubre, como en el caso anterior.

## Cocción

• Si es pequeña, asarla entera. El tiempo de cocción es de 55 minutos.

• Si está abierta, colocar la parte interior hacia el fuego y luego darla vuelta para terminar la cocción. El tiempo de cocción es de 40 minutos; pero si la prefiere bien crocante, déjela en el fuego alrededor de una hora.

• Algunos le agregan jugo de limón y sal de ajo durante la cocción (después de haberla dado vuelta).

# 4.1.2 El chinchulín

Es el primer segmento del intestino delgado. Bastante recto, mide tres metros aproximadamente.

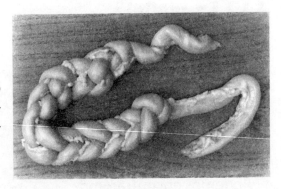

---

[1] Término comprensivo de una variedad de técnicas. Consiste en sumergir determinado alimento en agua hirviendo uno o dos minutos e inmediatamente en agua helada para cortar la cocción.

**Preparación**

• Lavarlo bien con agua, sin darlo vuelta, y cortarlo en trozos o respetando las vueltas naturales, en discos.

• Aunque no es muy tradicional, algunos lo hierven en leche para tiernizarlo, revolviendo bien para evitar que se pegue al recipiente. Si prefiere hacerlo así, deberá retirarlo del fuego cuando resulte fácil pincharlo. Entonces dejarlo enfriar y escurrir líquidos antes de llevarlo a la parrilla.

**Cocción**

• Para evitar que se pase entre las barras de la grilla se puede ensartar en un estilete bidente.

• Si tiene una prensa de alambre tejido, puede colocarlo allí.

• Darlo vuelta una vez. El tiempo de cocción es de 50 minutos, o de una hora si lo prefiere crocante. Si está tiernizado, bastará con 20 minutos de cocción.

# 4.1.3 La tripa amarga

Es la parte del intestino que sigue al chinchulín. Es más ensortijada y tiene sabor amargo. Llega a medir más de treinta y cinco metros.

**Preparación**

• Cortarla en trozos, tal y como el chinchulín, y lavarlos muy bien dejando que corra abundante agua por dentro de la tripa.

• Una vez más, aunque no es práctica convencional, puede tiernizarse con leche.

**Cocción**

• Idéntica a la del chinchulín.

# 4.1.4 La tripa gorda

Es el intestino grueso del animal. Mide aproximadamente diez metros.

**Preparación**

- Sacar el exceso de grasa.
- Lavar por fuera. Dar vuelta como si fuera un calcetín y lavar un vez más.
- Cortar en trozos.
- Asar del revés.

**Cocción**

- Asarla durante 40 minutos.

# 4.1.5 El seso

Es el cerebro del animal.

**Preparación**

- Untar con aceite, perejil y ajo picados, sin sacar la membrana que lo cubre.
- Envolver el seso en papel de aluminio o papel manteca. Algunos prefieren hervirlo para evitar que se deshaga (en este caso, no es necesario que lo envuelva).

### Cocción

• Cocinar en la parrilla envuelto, durante 45 minutos (o 30 minutos, si fue hervido previamente).

# 4.1.6 La ubre

Es la glándula mamaria de la vaca.

### Preparación

• Cortar en rodajas de 3 cm de espesor.
• Aunque no es tradicional, se puede tiernizar poniéndola una hora en leche caliente, sin dejar hervir, antes de llevar a la parrilla.

### Cocción

• Asar de ambos lados. El tiempo de cocción es de 50 minutos aproximadamente.

# 4.1.7 El riñón

### Preparación

• Es conveniente dejar el riñón toda una noche en una fuente con vinagre (algunos agregan limón) para eliminar restos de orina.
• Puede dejarlo entero, abrirlo a lo largo como un libro, o cortarlo en rodajas de 3 cm de ancho.
• Sacar la piel.

### Cocción

• Si está abierto, colocar la parte interior abierta hacia el fuego. El tiempo de cocción es de 45 minutos.
• Si está entero, asar durante una hora a fuego lento para que se cocine bien el interior.

## 4.1.8 La criadilla

Es el testículo del ternero o novillo. La preparación y cocción son idénticos a los del riñón.

# 5
# Los embutidos

# 5.1 Consejos para su preparación y cocción

También los embutidos tienen "sus mañas" para entregar todo su sabor dando fama a quien asa. Por ello, a continuación encontrará algunos consejos para cocinarlos.

## 5.1.1 Chorizo

Está hecho con carne y grasa picados, de menor calidad que la que se usa para los salames. Se embute en tripa de vaca (generalmente, tripa amarga).

Es poco frecuente encontrar chorizos de puro cerdo; generalmente se les agrega carne de vaca. De acuerdo con su composición se los clasifica en:

70% vaca + 30% cerdo = Chorizo criollo
80% vaca + 20% cerdo = Chorizo parrillero

Viene condimentado con sal, pimienta, orégano, ajo, vino tinto, nuez moscada y, a veces, pimentón.

## Preparación

• El chorizo puede reventar si tiene demasiada grasa en la mezcla (el exceso de grasa en ebullición rompe la envoltura). Para evitar que reviente, poner el chorizo en agua fría unos 5 minutos antes de llevarlo a la parrilla. Otra opción es ponerlo unos pocos segundos en agua hirviendo.

## Cocción

• Para poder manipularlo mientras se asa, se puede ensartar el chorizo en un estilete bidente (el estilete impide que se escape el jugo por los orificios).

• Asarlo a fuego suave durante 40 minutos para evitar que se queme su envoltura.

• Algunos asadores lo dan vuelta varias veces para que se ase en forma pareja.

# 5.1.2 Salchicha criolla (o parrillera)

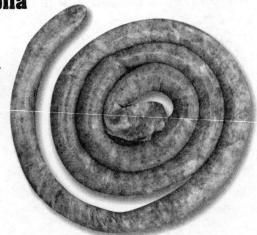

Igual que el chorizo, está hecha de carne y grasa, picados muy fino. Se embute en tripa de cordero o de cerdo.

## Preparación

• Puede reventar como el chorizo, por eso se emplean los mismos métodos para evitarlo.

## Cocción

• Enrollar la salchicha en forma de espiral y sujetarla atravesándola con un estilete o palillos de madera.

• Cocinar a fuego suave durante 15 ó 20 minutos.

# 5.1.3 Morcilla

Es de carne de cabeza, corazón, cuero de cerdo, morro, orejas y mondongo, grasa y sangre. Viene condimentada con sal, pimienta, orégano, cebolla y nuez moscada.

• Se vende precocida por lo que bastan 15 minutos para que esté a punto.

• La morcilla dulce tiene pasas de uva, nueces y azúcar. Igual que la salada, se come caliente o fría, cortada en rodajas, como entrada.

*"Andaremos de matreros*
*si es preciso pa' salvar;*
*nunca nos ha de faltar*
*ni un güen pingo para juir,*
*ni un pajal ande dormir,*
*ni un matambre que ensartar."*

# 6
# El matambre

# 6.1 A quien la fama lo precede...

El matambre cubre la parte baja del costillar (está entre el costillar y el cuero del animal). Es plano y amplio, y una de sus caras tiene una capa de grasa. Generalmente se usa el matambre de vaca, pero hay también de cerdo y ovino. En la ternera es delgado y, al asarlo, resulta algo seco. En los animales mayores es más grueso y más tierno.

La fama del matambre lo precede largamente. Prueba de ello es la *Apología del matambre*[1] escrita por Esteban Echeverría en 1837, fragmentos de cuya obra encontrarás, lector, sembrados entre las recetas de este capítulo.

## 6.1.1 Matambre a la parrilla

Si es muy delgado y magro, extender el matambre sobre la grilla, con la capa de grasa hacia arriba. Darlo vuelta, sólo un ratito, para terminar el proceso. El tiempo de cocción es de 30 ó 35 minutos aproximadamente.

---

[1] Juan María GUTIÉRREZ, *Obras Completas de D. Esteban Echeverría*. Buenos Aires, Carlos Casavalle Editor, 1870-1874.

Si es más grueso, colocar sobre la grilla con la capa de grasa hacia abajo, de cara al fuego, y luego rematar la cocción dándolo vuelta. El tiempo de cocción es de 40 minutos aproximadamente. Si el matambre es muy delgado, algunas personas lo asan doblado para evitar que se seque mucho. Es muy simple: se dobla por la mitad con la capa de grasa hacia fuera. Se asan las dos caras exteriores, después se abre y se extiende para terminar la cocción de los lados interiores. El tiempo de cocción es de 40 minutos, algunos más, muy pocos menos.

Aunque no es un método criollo, algunos prefieren tiernizar el matambre, dándole un hervor ligero en agua o leche, o sumergiéndolo en leche caliente (sin hervir) durante algunas horas.

*(...) Incapaz por temperamento y genio de más ardua y grave tarea, ocioso por otra parte y aburrido, quiero ser el órgano de modestas apologías, y así como otros escriben las vidas de los varones ilustres, trasmitir si es posible a la más remota posteridad, los histórico-verídicos encomios que sin cesar hace cada quijada masticando, cada diente crujiendo, cada paladar saboreando, el jugoso e ilustrísimo matambre.*
*(...) Con matambre se nutren los pechos varoniles avezados a batallar y vencer, y con matambre los vientres que los engendraron: con matambre se alimentan los que en su infancia, de un salto escalaron los Andes, y allá en sus nevadas cumbres entre el ruido de los torrentes y el rugido de las tempestades, con hierro ensangrentado escribieron: Independencia, Libertad...*

# 6.2 Otras maneras de preparar el matambre

Hay otros modos, nada ortodoxos aunque no menos exquisitos, de preparar el matambre. A continuación, recetas para tentarse.

## • Matambre al roquefort

Sin preparación previa, asar primero el matambre con la capa de grasa hacia abajo. Al darlo vuelta (la vuelta es cortita) colocar trozos de queso roquefort sobre la superficie ya cocida. A los pocos minutos, con la ayuda del calor, untar el queso apenas derretido sobre el matambre.
El tiempo de cocción es de 30 a 35 minutos.

*El matambre nace pegado a ambos costillares del ganado vacuno y al cuero que le sirve de vestimenta; así es que, hembras, machos y aun capones tienen sus sendos matambres, cuyas calidades comibles varían según la edad y el sexo del animal: macho por consiguiente es todo matambre, cualquiera que sea su origen, y en los costados del toro, vaca o novillo, adquiere jugo y robustez. Las recónditas transformaciones nutritivas y digestivas que experimenta el matambre, hasta llegar a su pleno crecimiento y sazón, no están a mi alcance: naturaleza en esto como en todo lo demás de su jurisdicción, obra por sí, tan misteriosa y cumplidamente que sólo nos es dado tributarle silenciosas alabanzas.*

## • Matambre a la pizza

Sin preparación previa, asar primero con la capa de grasa hacia el fuego. Luego darlo vuelta para que la otra cara tenga un golpe de fuego. Dar vuelta una vez más (la superficie con grasa mirará el fuego), y cubrir con rodajas de tomate, queso y jamón. También puede agregar ajíes morrones cortados. El tiempo de cocción es de 40 a 45 minutos, siempre vigilando que los ingredientes no escurran sobre las brasas.

*Sábese sólo que la dureza del matambre de toro rechaza al más bien engastado y fornido diente, mientras que el de un joven novillo y sobre todo el de vaca, se deja mascar y comer por dientecitos de poca monta y aun por encías octogenarias.*

### • Matambre relleno I

Extender el matambre con la grasa hacia arriba (si tiene mucha grasa, puede sacarle un poco con un cuchillo). Sobre esta superficie colocar el relleno:

### Opción A
*2 dientes de ajo picado, una cucharada de perejil picado, 2 zanahorias crudas ralladas, 4 a 6 huevos duros pelados y cortados en rodajas, ají molido, sal y pimienta.*

### Opción B
*Una pasta de pan rallado, queso, tomates en rodajas y un chorrito de aceite.*

Entonces doblarlo por la mitad, coser los bordes con piolín choricero y cocerlo a fuego lento, de uno y otro lado.

El tiempo de cocción es de 80 minutos. Si lo hace a dos fuegos, no es necesario darlo vuelta. En este caso, el tiempo de cocción será de 60 minutos.

*(...) Debe haberlos, y los hay, buenos y malos, grandes y chicos, flacos y gordos, duros y blandos; pero queda al arbitrio de cada cual escoger al que mejor apetece a su paladar, estómago o dentadura, dejando siempre a salvo el buen nombre de la especie matambruna, pues no es de recta ley que paguen justos por pecadores, ni que por una que otra indigestión que hayan causado los gordos, uno que otro sinsabor debido a los flacos, uno que otro aflojamiento de dientes ocasionado por los duros, se lance anatema sobre todos ellos.*

*(...) Incubando estaba mi cerebro una hermosa peroración y ya iba a escribirla, cuando el interrogante "¿qué haces?" de un amigo que entró de repente, cortó el rebesino a mi pluma. "¿Qué haces?", repitió. Escribo una apología. "¿De quién?" Del matambre. "¿De qué matambre, hombre?" De uno que comerás si te quedas, dentro de una hora. "¿Has perdido la chaveta?" No, no, la he recobrado, y en adelante sólo escribiré de cosas tales, contestando a los impertinentes con: fue humorada, humorada, humorada (...)."*

# 7
# Chimichurri y salsa criolla, una pareja infaltable

Hay muchas salsas que se usan habitualmente para acompañar carnes, y variantes específicas según se trate de vaca, de cordero, de chivito, de lechón o de pescado. Sin embargo, infaltables en una parrillada tradicional, sólo dos: el chimichurri y la salsa criolla.

# 7.1 El chimichurri

Es "el" aderezo argentino. Existen tantas combinaciones como asadores porque cada uno le da su "toque personal". Básicamente es una salsa o adobo hecho con ingredientes naturales. Es conveniente prepararlo el mismo día que va a consumirlo, para evitar que algunos ingredientes acentúen demasiado su aroma y sabor.

**Según cuentan por allí...**

Una familia de colonos ingleses que se instaló en la Patagonia en el siglo XIX, solía aderezar la carne ovina con una salsa con curry. Y la frase, seguramente muy escuchada, "give me the curry..." se convirtió, de boca en boca y entre las gentes locales, en "chimichurri".

Una receta clásica es la siguiente:

*1/2 vaso de aceite*
*1 vaso de agua tibia*
*1 vaso de vinagre (o 1/2 vaso de vinagre y 1/2 vaso de vino)*
*1 ají morrón pequeño, finamente picado*
*1 tomate perita en cubitos pequeños*
*1 cebolla de verdeo, finamente picada*
*1 cucharada de perejil picado*
*2 dientes de ajo picados*
*1 cucharadita de pimentón dulce o picante*
*1 cucharadita de ají molido dulce o salado*
*2 hojas de laurel picadas*
*1 cucharadita de orégano*
*sal*

Colocar en una botella (o en un recipiente de vidrio con tapa) todos los ingredientes. Cerrar la botella con el corcho y dejar macerar durante 12 horas, removiendo ocasionalmente para equilibrar aromas y sabores.

## 7.1.1 ¿Cuándo poner el chimichurri?

El chimichurri puede aplicarse en momentos distintos (antes, durante o después de la cocción), de acuerdo con el gusto y la técnica del asador.

Para el asador tradicional, el único condimento admitido para las carnes de vaca y de pollo es la sal, porque considera que las salsas alteran el sabor tan exquisito de estas carnes. Sin embargo, hay quienes usan el chimichurri para el asado con cuero, el cordero o el chivito, pero después de la cocción: se pone en la mesa, en una salsera (incluso algunos la prefieren caliente). Nunca antes o durante la cocción.

Los que se oponen dicen que la salsa no llega a impregnar la carne y que altera su sabor. **Si va a usar el chimichurri durante la cocción, no es aconsejable aplicarlo sobre la superficie de las carnes que va al fuego porque el ajo y el perejil adquieren un sabor amargo al quemarse. Es mejor aplicarlo sobre la parte ya asada**.

En el caso del cordero, el chivito, el lechón y el pescado se puede aplicar la salsa durante la cocción, con una cuchara o un pincel. Es conveniente usar la salsa caliente para no enfriar la carne. Se puede poner con frecuencia si la carne es muy magra para evitar que se seque.

**No es un método criollo aplicarlo antes de la cocción**. Sin embargo, algunos lo utilizan para asar cordero o chivito: lo aplican con pincel o cuchara sobre la carne, haciendo tajos en las partes más gruesas para que la salsa penetre con más facilidad.

Para asar el pescado y el lechón, muchos prefieren marinar las piezas, dejándolas en la heladera, toda una noche.

# 7.2 La salsa criolla

Otra alternativa, la salsa criolla, es muy fácil de hacer. Sus ingredientes son:

*1/2 l de agua*
*1/2 taza de sal gruesa*
*1 cucharada de pimentón picante*
*1 cucharada de ají molido*
*1 cucharada de orégano*
*4 hojas de laurel*
*3 hojas de romero*
*4 dientes de ajo*
*aceite y vinagre, a gusto*

Entonces habrá que hervir en una cacerola el agua con la sal. Dejar entibiar y agregar el pimentón. Luego colocar el ají en un bol, añadir el agua tibia con el pimentón, el orégano, el laurel, el romero, los ajos picados, el vinagre y el aceite.

Dejar reposar durante 24 horas. Llevar a la mesa en una salsera.

**Y algo más...**

El adobo más sencillo de todos es el de salmuera: por cada 1/2 l de agua tibia, 2 cucharadas abundantes de sal gruesa, una pizca de pimienta negra molida y jugo de limón a gusto. Se mezcla muy bien para equilibrar sabores, y se le incorpora una ramita de perejil o alguna otra hierba aromática.

Algunos la usan antes y/o durante la cocción.

*"Y con el buche bien lleno*
*era cosa superior*
*irse en brazos del amor*
*a dormir como la gente,*
*pa empezar el día siguiente*
*las fainas del día anterior."*

# 8

# Para los menos ortodoxos

Como habrá visto, conviven criterios diferentes en materia de asados. Estilos personalísimos que van matizando la técnica tradicional de asar.

Hay asadores más tradicionalistas y otros, menos ortodoxos, innovadores y creativos, se atreven a cosas que los partidarios del asado criollo consideran sencillamente un sacrilegio. De ellos, que hacen las cosas a piacere, nos llegan estas recetas.

# 8.1 Vegetales a la parrilla

El asado tradicional no incluye ensaladas. Sin embargo muchos han ido incorporándolas, de todo tipo y color, sobre todo ahora que se ha generalizado el hábito de comer mayor cantidad y variedad de vegetales.

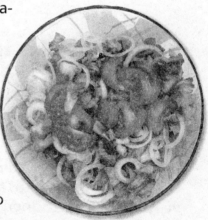

La ensalada clásica es la de lechuga y tomate, condimentada con sal, aceite y vinagre, en ese orden. Algunos prefieren la radicheta, que tiene un sabor más amargo que el de la lechuga.

Y aunque tampoco pertenece al asado criollo, muchas personas suelen asar vegetales. A continuación encontrará una selección de recetas sencillas que van desde vegetales aislados hasta la parrillada.

## 8.1.1 Sobre papas y batatas...

Basta con lavar y secar las papas y las batatas, y colocarlas, con cáscara, entre las cenizas calientes, a fuego suave para que la cocción sea parejita.

Para saber si están hechas, se las pincha y, si entra y sale con facilidad, están listas. Además, la cáscara se verá tostada.

Para comerlas, se abren por la mitad y se condimentan a gusto. Algunos incluso las saborizan con trocitos de manteca o algún aceite aromático.

## 8.1.2 Sobre choclos...

También se pueden asar los choclos: se les saca la barba, se baja la chala con cuidado, sin arrancarla, y se untan los granos con manteca. Se sube entonces la chala hasta cubrir los granos y se asa a fuego suave durante 40 minutos.

## 8.1.3 Sobre ajies rellenos...

Elegir ajíes morrones y cortarlos por la mitad en sentido longitudinal (a lo largo).

Sacarles luego las semillas y verter en cada mitad un huevo batido con sal, pimienta, una cucharadita de perejil picado y una cucharada sopera de pan rallado.

Colocar los pimientos sobre la grilla y asar a fuego muy suave, para que se cocinen sin quemarse. Cuando el huevo comience a cuajar, agregar algunos pedacitos de queso cremoso.

## 8.1.4 Sobre berenjenas...

Lavar las berenjenas y cortarlas en mitades, a lo largo.

Con un cuchillo, realizar incisiones, sin cortar la cáscara, de modo tal que quede como un cuadriculado, pero sin que los cuadritos se despeguen de la cáscara.

Colocar sobre la grilla del lado de la cáscara.

Mezclar mucho ajo y mucho perejil, bien picaditos, sal y pimienta a gusto, bastante aceite de oliva y mayonesa, hasta obtener una salsa cremosa.

Cubrir las berenjenas con la crema y dejarlas un buen rato para que su carne se impregne con el sabor de la salsa.

## 8.1.5 Parrillada vegetariana

### Ingredientes

*4 papas medianas*
*4 zanahorias*
*4 calabazas chicas*
*4 batatas*
*4 cebollas*
*2 morrones*
*Papel de aluminio (opcional)*

### Preparación

Preparar abundante fuego (en lo posible, con leña de madera dura).

Una vez que las llamas se consumieron y se han formado las brasas, colocar los vegetales en el lugar donde se hizo el fuego, y cubrir totalmente con las brasas (los ingredientes pueden estar envueltos en aluminio o no).

A los 40 minutos aproximadamente, retirar y ya están listos para comer. Se cortan en mitades, y se condimentan con sal marina, aceite de oliva o ahumado.

# 8.2 Pizza a la parrilla

Sí, leyó bien. No es necesario el horno para preparar deliciosas pizzas.

### Un consejo

Para asar la masa, la parrilla debe estar bien limpia. Si la grilla no tiene sector chinchulinero, puede colocar un módulo tramado (una rejilla de alambre tejido de malla fina) y ubicar la masa sobre ella. La brasa debe estar bien encendida, ya sea de carbón o madera dura.

La masa debe estar elaborada algo más consistente que lo normal.

### Ingredientes

*(para 4 pizzas de 20 cm)*

| Para la masa | *1 kg de harina*<br>*650 cc de agua tibia*<br>*40 g de levadura fresca*<br>*1 cucharadita de azúcar*<br>*2 cucharaditas de sal*<br>*4 cucharadas de aceite de oliva* |
|---|---|

| Para la salsa | *1 kg de tomates perita*<br>*orégano, ají molido y sal*<br>*ajo picado (opcional)*<br>*1 chorrito de aceite de oliva* |
|---|---|

### Preparación

Desmenuzar la levadura y disolverla en el agua tibia con una cucharadita de azúcar.

Colocar la harina en forma de corona sobre una mesa y verter en el centro de a poco el agua con la levadura.

Trabajar la masa hasta obtener un bollo elástico y consistente.

Colocarlo en un bol, taparlo con un paño seco y limpio, y dejarlo reposar en un ambiente tibio hasta que duplique su tamaño.

Mientras tanto preparar la salsa. Lavar y triturar los tomates. Cocinarlos durante 10 minutos a fuego moderado para que se reduzcan los jugos. Retirar del fuego y, en cuanto este puré esté tibio, condimentarlo con orégano, ají molido, sal, ajo picado (opcional) y un chorrito de aceite de oliva. Reservar.

Entonces dividir la masa de pizza en cuatro bollos y formar las pizzas. Dejar leudar unos 15 minutos más y llevar sobre la grilla. Al dorarse la base, darlas vuelta, y distribuir sobre la superficie la salsa de tomate tibia y el queso.

En cuanto el queso se derrita, ¡a la mesa!

**Más simple todavía...**

Si usted se siente muy seguro con su receta de masa para pizzas pero ésta es muy chirle, coloque la pizzera sobre la grilla caliente hasta que la masa cuaje. Y estando todavía bien blanquita pero firme, termine la cocción sobre la grilla, dorando ambas caras antes de colocar la salsa y el queso. Y si es un día fresco, y el queso se resiste, tape parcialmente la pizza con la pizzera para condensar el calor.

# 8.2.1 Para los que piden ¡queso, queso, queso!

Si bien no es auténticamente criolla, la provoleta ha ganado adeptos, sobre todo en la ciudad. Es queso napolitano provolone, de consistencia semidura, y de sabor levemente picante que se consigue en carnicerías, almacenes y supermercados. Generalmente se comercializa fraccionada en rodajas de unos 2 cm de espesor, y condimentadas con orégano, pimienta, tomillo, estragón y otras hierbas.

Para asarla, la parrilla debe estar bien limpia y caliente.

Se la coloca directamente sobre la grilla, vuelta y vuelta hasta que esté dorada, o sobre moldecitos de papel de aluminio, hasta que se funda.

# 8.3 Pescados a la parrilla

Para asar pescados es conveniente envolverlos en papel de aluminio o en papel manteca para evitar que se deshagan. Si es papel de aluminio, se escucha hervir el pescado a medida que se va asando; si es papel manteca, éste va tomando un color tostado. También se puede usar una prensa de alambre tejido de malla fina que se coloca sobre la grilla (son dos rejillas unidas a modo de bisagra). La prensa en muy útil sobre todo para asar salmón, dorado, trucha, atún, etc.

Es importante que los pescados tengan la piel y las escamas.

Los pescados más adecuados para hacer a la parrilla son los enteros o cortados en rodajas gordas, ya que los filetes se rompen mucho.

La manera más simple de hacerlos es abrirlos por la panza, vaciarlos y lavarlos. Colocar 24 horas en la heladera en una asadera con sal, pimienta, limón, vinagre y orégano. Otra alternativa es usar chimichurri durante la cocción o en la mesa.

Luego poner el pescado abierto sobre la grilla o en la prensa de metal con el vientre hacia abajo. Para saber si está hecho, pinchar con el tenedor: si la carne está cocida, el tenedor entra y sale fácilmente.

Si no está usando la prensa, para dar vuelta el pescado va a necesitar una lámina de metal (puede ser una chapa de aluminio) que colocará sobre la carne, y una espátula que pondrá debajo. Gire con mucho cuidado para no romper el pescado (y recuerde sacar la chapa que habrá quedado debajo). Debe estar bien cocido. El tiempo de cocción depende del tamaño del pescado. Si es muy grande, puede oscilar entre una y dos horas y media.

Si el pescado es demasiado grande, puede asarlo directamente sobre la grilla cuidando de que no se pegue a las barras. Para evitarlo, algunos colocan el pescado en la grilla caliente y lo van moviendo de un lado a otro para que la piel no se adhiera.

# 8.3.1 Pejerrey a la parrilla

### Ingredientes

*(para 4 personas)*

*4 pejerreyes*
*1 vaso de jugo de limón*
*tomillo fresco, a gusto*
*1/2 taza de aceite de oliva*
*3 dientes de ajo*
*2 cucharadas de perejil picado*
*1 huevo*
*sal y pimienta*
*papel de aluminio*

### Preparación

Lavar y limpiar los pejerreyes, quitándoles la cabeza.

Disponerlos en una fuente, rociándolos con el jugo de limón, y espolvorearlos con el tomillo picado. Dejar macerar en la heladera durante 2 horas.

Mezclar el aceite de oliva, el perejil picado, el huevo y los ajos picados.

Bañar con este aderezo cada pejerrey, envolverlos individualmente en papel de aluminio y asarlos hasta que el papel repique.

## 8.3.2 Corvina a la parrilla

### Ingredientes

*1 corvina*
*200 g de manteca*
*jugo de 5 limones*
*2 dientes de ajo*
*sal, pimienta, laurel molido y orégano*

### Preparación

Abrir la corvina por el lomo. Eviscerarla y lavarla pero no escamarla.

Poner la corvina sobre la parrilla, con calor suave, del lado de las escamas.

Por otro lado, derretir la manteca y agregar el jugo de limón, el ajo bien picado y los condimentos. Con esta mezcla pincelar la corvina reiteradas veces mientras se asa.

No dar vuelta el pescado. Cuando la piel se separe de la carne, ya estará a punto.

## 8.3.3 Dorado y hortalizas a la parrilla

### Ingredientes

*(para 12 porciones)*

*1 dorado grande*
*1 ramito de tomillo*
*3 dientes de ajo*
*aceite de oliva*
*sal y pimienta*
*8 tomates*
*2 cebollas*
*1 cebolla de verdeo*
*2 berenjenas grandes*

### Preparación

Eviscerar el dorado, cortar las aletas con una tijera fuerte y hacerle tres cortes transversales.

Salar y untar con aceite de oliva, ajo y tomillo. Marinar en la heladera durante 3 horas.

Preparar el fuego y esperar hasta obtener buena brasa.

Asar el pescado primero de un lado, dando vuelta sólo una vez, sin dejar que se seque.

En otra parte de la grilla, asar las berenjenas cortadas en rodajas, más o menos gruesas, con cáscara, y untadas con aceite de oliva y cebolla de verdeo picada.

Se puede acompañar con una ensalada de tomates y cebolla frescos, condimentada con aceite, vinagre y sal.

# 8.3.4 Atún a la parrilla

### Ingredientes

*rodajas de atún*
*(la cantidad depende*
*de la cantidad de comensales)*
*aceite*
*ajo picado, sal y pimienta*

### Preparación

Salpimentar las rodajas de atún y untarlas con el aceite.

Colocarlas sobre la grilla caliente, cuidando de que no se peguen (puede envolverlas en papel de aluminio, papel manteca o usar la prensa metálica).

Dar vuelta sólo una vez.

Colocar el ajo picado sobre el lado ya cocido.

Servir bien caliente.

*"Y con esto me despido*
*sin espresar hasta cuándo;*
*siempre corta por lo blando*
*el que busca lo siguro,*
*mas yo corto por lo duro,*
*y ansí he de seguir cortando."*

**Y recuerde...**

Para ser un buen asador se necesita sobre todo experiencia. Cualquiera sea la técnica que utilice, procure respetar las reglas y aplicar los consejos que se ofrecen en este libro y no se desanime: una cosa es tirar la carne sobre la parrilla y otra, muy distinta, hacer un asado. Tenga paciencia. Sólo es cuestión de práctica.

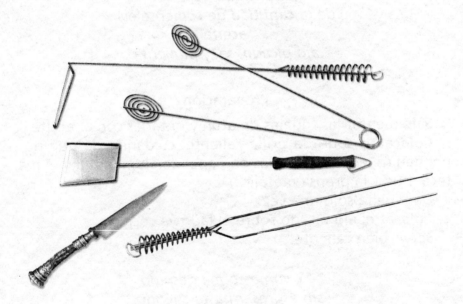

## OPERACIONES PARA OBTENER CORRESPONDENCIAS

**Onzas a gramos** ⟶ multiplicar la cantidad expresada en onzas por 28,3 para obtener la correspondencia en gramos.

**Gramos a onzas** ⟶ multiplicar la cantidad expresada en gramos por 0,0353 para obtener la correspondencia en onzas.

**Libras a gramos** ⟶ multiplicar la cantidad expresada en libras por 453,59 para obtener la correspondencia en gramos.

**Libras a kilogramos** ⟶ multiplicar la cantidad expresada en libras por 0,45 para obtener la correspondencia en kilogramos.

**Onzas a mililitros** ⟶ multiplicar la cantidad expresada en onzas por 30 para obtener la correspondencia en mililitros.

**Tazas a litros** ⟶ multiplicar la cantidad expresada en tazas por 0,24 para obtener la correspondencia en litros.

**Pulgadas a centímetros** ⟶ multiplicar la cantidad expresada en pulgadas por 2,54 para obtener la correspondencia en centímetros.

**Centímetros a pulgadas** ⟶ multiplicar la cantidad expresada en centímetros por 0,39 para obtener la correspondencia en pulgadas.

## Equivalencias idiomáticas

**Panceta:** tocino.
**Ají morrón:** pimiento rojo.
**Ají molido:** pimiento rojo molido.
**Tomillo:** hierba luna, tomello, tremoncillo, serpol, serpillo.
**Pimentón dulce:** páprika húngara, pimiento del piquillo, páprika dulce.
**Manteca:** mantequilla.
**Choclo:** elote, maíz.
**Papa:** patata.
**Calabaza:** zapallo anco.
**Batata:** patata dulce.
**Berenjena:** manzana de amor, pepino morado.

# Índice

Este libro se terminó de imprimir en
Mundo Gráfico
Zeballos 885 - Avellaneda
Septiembre de 2003